Falsa Segurança

Falsa Segurança

B. Vincent

CONTENTS

First Printing, 2025

Introdução

Quem não gostaria de um pouco mais de segurança com seus fundos de investimento? Seja um pagamento multimilionário ou US$ 5 em Dogecoin, todos nós buscamos paz de espírito financeira. No entanto, quando se trata de investimentos passivos, essa sensação de segurança pode ser mais ilusória do que imaginamos. O verdadeiro custo de manter uma parte do seu portfólio em dinheiro pode ser difícil de discernir durante as oscilações do mercado. Ainda assim, o preço das oportunidades perdidas pode ser mais corrosivo do que você imagina — mesmo quando os riscos de curto prazo parecem baixos. É evidente que o fim lógico de todo processo de investimento é, de fato, um investimento; investimos para construir um futuro.

A Armadilha da Complacência

Infelizmente, muitos investidores caem na armadilha da complacência, assumindo que o forte desempenho passado de um investimento passivo é preditivo de sucesso futuro. Essa crença se estende não apenas ao desempenho geral do mercado, mas também à viabilidade de investimentos passivos em empresas individuais. Desvalorizar o investimento passivo como uma estratégia pouco sofisticada simplifica demais a questão. Nem todos os negócios de fosso amplo são necessariamente bons investimentos em suas atuais capitalizações de mercado.

A ascensão dos comerciantes varejistas

Desde o final de 2019, as principais corretoras de taxa zero têm documentado um ritmo acelerado de aquisições líquidas de novos clientes. Esse aumento levou a uma desconexão inquietante entre os comerciantes de varejo perigosamente ingênuos que acreditam estar empregando "estratégias de investimento passivas" e os fundamentos que realmente tornam essas estratégias sábias.

Gatekeepers e estratégias passivas

Pode beneficiar gatekeepers que recebem aumentos de taxas para acomodar todos os fluxos de entrada gerenciados passivamente, muito parecido com preferir um barco que rema sozinho. Uma estratégia passiva envolve posicionar capital em um pacote de custo-eficiente de todos os negócios publicamente negociáveis do mundo, oferecendo uma ilusão de segurança que pode não se sustentar sob escrutínio.

Um mergulho mais profundo

Neste livro, vamos nos aprofundar nos equívocos e armadilhas do investimento passivo. Exploraremos como estratégias aparentemente seguras podem, às vezes, levar a oportunidades perdidas e riscos negligenciados. Ao examinar as nuances do cenário de investimentos, descobriremos por que uma abordagem mais ativa e informada pode ser necessária para realmente proteger seu futuro financeiro.

1

Compreendendo os investimentos passivos

Um investimento passivo é um método de geração de renda usando estratégias de investimento que exigem ação mínima do investidor. Essas estratégias envolvem a compra de investimentos projetados para serem mantidos a longo prazo, com foco na maximização dos retornos sem a necessidade de negociações frequentes. Ao contrário dos day traders ou investidores movidos por notícias, os investidores passivos aderem a uma abordagem de "comprar e manter", permitindo que seus investimentos cresçam ao longo do tempo. Essa estratégia está intimamente associada a investidores de índice que buscam retornos de mercado sem inflar os custos de investimento.

Tipos de abordagens de investimento passivo

Existem várias abordagens de investimento passivo, incluindo:

- **ETFs/Fundos de Índice** : Fundos que rastreiam índices de mercado, proporcionando ampla exposição ao mercado.
- **Fundos Setoriais** : Focados em setores específicos da indústria.
- **Fundos de Índice de Capitalização de Mercado** : Investimentos baseados na capitalização de mercado das empresas.

- **Fundos de dividendos** : investimentos em empresas que pagam dividendos regulares.
- **Fundos Balanceados** : Uma mistura de ações e títulos para equilibrar risco e retorno.
- **Fundos de ciclo de vida** : projetados para ajustar a combinação de ativos à medida que o investidor se aproxima da aposentadoria.
- **Fundos ESG e SRI** : Investimentos que consideram critérios ambientais, sociais e de governança.
- **Fundos Globais** : Investimentos em mercados internacionais.
- **Fundos de Renda** : Focados em gerar renda regular para investidores.

Benefícios dos Investimentos Passivos

- **Custos baixos** : taxas e custos de transação reduzidos.
- **Ganhos consistentes a longo prazo** : retornos estáveis durante um longo período.
- **Exposição geral ao mercado** : ampla diversificação no mercado.
- **Baixo risco** : volatilidade reduzida em comparação à negociação ativa.
- **Facilidade de operação** : Simplicidade na gestão de investimentos.

Desvantagens dos investimentos passivos

- **Não "vencer o sistema"** : incapacidade de superar o mercado por meio de estratégias de curto prazo.
- **Desempenho dependente do mercado** : confiança nas tendências gerais do mercado.

- **Potencial para retornos ampliados** : maior risco de concentração se muitos investidores seguirem a mesma estratégia.
- **Riscos de liquidez** : potencial para problemas de liquidez durante crises de mercado.

Definição e Tipos

Em um nível de entrada, as discussões sobre investimentos geralmente giram em torno de dois tipos principais: passivo e ativo. Muitos investidores modernos, incluindo aqueles em criptomoedas e opções de ações, incorporam investimentos passivos em seus portfólios. Esses investimentos são caracterizados por contribuição diária mínima uma vez adquiridos, focando no desempenho histórico em vez de potenciais retornos futuros.

Investimentos Ativos : Em contraste, investimentos ativos envolvem seleção deliberada e negociação frequente com base em perspectivas de desempenho. Essa abordagem visa superar as médias do mercado por meio de compra e venda estratégicas.

Benefícios e desvantagens

Investimentos passivos oferecem vantagens significativas, mas também vêm com certas desvantagens. Eles capitalizam o momentum do mercado com menos transações, frequentemente chamadas de "negociações iniciais" pelos economistas Eduardo Dávila e Cecilia Parlatore. No entanto, a alta participação de mercado em estratégias passivas pode reduzir a diversidade e amplificar os retornos, levando a potenciais perdas de valor e problemas de liquidez durante o rebalanceamento regular.

Vantagens :

- Baixos custos de transação.
- Crescimento constante e de longo prazo.
- Ampla exposição ao mercado.

- Simplicidade e facilidade de gerenciamento.

Desvantagens :

- Incapacidade de superar o mercado.
- Dependência do desempenho do mercado.
- Risco de diversidade reduzida.
- Possíveis problemas de liquidez.

Para concluir

Entender a dinâmica dos investimentos passivos é crucial para qualquer investidor. Embora ofereçam simplicidade e ganhos de longo prazo, é essencial estar ciente de suas limitações e riscos potenciais. Ao reconhecer os benefícios e desvantagens, os investidores podem tomar decisões informadas que se alinham com seus objetivos financeiros.

2

A ascensão do investimento passivo

O início do investimento passivo como o conhecemos pode ser rastreado até meados da década de 1970, quando surgiu como uma alternativa à gestão ativa tradicional. Ele rapidamente capturou o interesse de acadêmicos e investidores individuais que eram céticos quanto à capacidade dos gestores profissionais de dinheiro de gerar retornos superiores. Embora métodos de investimento passivo existissem em décadas anteriores, as encarnações modernas do portfólio passivo e do fundo mútuo indexado não estrearam até 1975 e 1976, respectivamente.

Contexto histórico e principais impulsionadores

A mudança do investimento ativo foi motivada pelo desempenho consistente e visível de ações e títulos individuais em comparação com benchmarks de mercado diversificados amplos. Os investidores começaram a perceber que fundos geridos ativamente frequentemente falhavam em superar o mercado, tornando o investimento passivo uma alternativa atraente.

Dois fatores principais permitiram que o investimento passivo ganhasse popularidade:

1. **Desenvolvimento da Base Acionária** : A expansão da base acionária da nação permitiu que investidores individuais comuns possuíssem ações mais facilmente. Antes da década de 1970 e início da década de 1980, apenas famílias muito ricas, fundos mútuos e fundos de pensão podiam investir no mercado de ações. A democratização da propriedade de ações foi fundamental para popularizar o investimento passivo.
2. **Declínio na Vantagem Informacional** : A vantagem informacional dos gestores ativos diminuiu devido a uma série de iniciativas desregulatórias, como o Investment Company Act de 1940. Essa legislação visava evitar outra quebra do mercado de ações, mas também levou a uma indústria de investimentos oligopolista com necessidade limitada de consultoria de investimentos além do que as empresas podiam oferecer. O declínio na vantagem informacional dos gestores ativos tornou o investimento passivo mais atraente para os investidores.

O fim da era "Nifty Fifty"

A ascensão do investimento passivo coincidiu com o fim da febre do "Nifty Fifty". De 1973 a 1974, no auge de sua popularidade, os investidores especularam pesadamente sobre um punhado de ações de "decisão única" — empresas consideradas tão sólidas que eram consideradas investimentos de comprar e manter para sempre. No entanto, a supervalorização dessas ações, algumas com índices P/L excedendo a regra dos dez anos proposta por Francis Schaeffer, destacou os riscos da seleção ativa de ações e reforçou o apelo do investimento passivo.

Transição para estratégias passivas modernas

A transição para estratégias passivas modernas marcou uma mudança significativa na filosofia de investimento. Os fundos mútuos indexados, introduzidos em meados da década de 1970, permitiram que os investidores igualassem o desempenho dos índices de mercado em vez de tentar superá-los. Essa abordagem forneceu uma maneira econômica de obter ampla exposição ao mercado e minimizar os riscos associados à gestão ativa.

Impacto na indústria de investimentos

A ascensão do investimento passivo transformou a indústria de investimentos, levando a uma maior transparência e menores custos para os investidores. À medida que mais indivíduos adotaram estratégias passivas, a demanda por fundos de índice e fundos negociados em bolsa (ETFs) aumentou, solidificando ainda mais o domínio do investimento passivo nos mercados financeiros.

Para concluir

Entender a ascensão do investimento passivo fornece insights valiosos sobre a evolução das estratégias de investimento. A mudança da gestão ativa para a passiva foi motivada pela necessidade de retornos consistentes, eficiência de custos e acesso mais amplo ao mercado. Ao reconhecer o contexto histórico e os principais impulsionadores, os investidores podem apreciar os benefícios e limitações do investimento passivo no cenário financeiro atual.

3

Equívocos comuns

Apesar da crescente popularidade de veículos de investimento passivos como fundos de índice e ETFs, alguns investidores permanecem céticos sobre sua eficácia em comparação à gestão ativa. Críticos do investimento passivo frequentemente argumentam contra ele destacando limitações percebidas e contrastando-o com estratégias "ativas". Vamos abordar alguns desses equívocos comuns.

Equívoco 1: O investimento passivo é inútil

Um argumento frequente contra o investimento passivo é a noção de que não há necessidade de pagar alguém para simplesmente colocar dinheiro no índice S&P 500. Essa perspectiva simplifica demais o valor do investimento passivo. A realidade é que o índice S&P 500 tem consistentemente fornecido uma maneira confiável de capturar o desempenho econômico superior do mercado dos EUA com risco relativamente baixo.

Equívoco 2: Oportunidades ativas são superiores

Outro equívoco popular é que o investimento passivo impede os investidores de acessar os títulos mais empolgantes e inovadores. Os críticos geralmente defendem oportunidades ativas, sugerindo que elas oferecem melhores retornos. No entanto, isso ignora o desempenho consistente dos investimentos passivos ao longo do tempo. Embora os investimentos ativos possam ocasionalmente ter desempenho superior, eles geralmente o fazem ao custo de maiores riscos e taxas.

A realidade do desempenho do mercado

Entender a história do desempenho do mercado de ações nos EUA revela a loucura desses equívocos. O índice S&P 500, por exemplo, demonstrou resiliência e crescimento apesar das crises econômicas. Durante a Grande Recessão de 2008, o índice caiu cerca de 40%, mas se recuperou no ano seguinte, destacando sua estabilidade de longo prazo. As ações são inerentemente voláteis devido à oferta e demanda, condições econômicas e eventos imprevisíveis. Essa volatilidade é um aspecto natural do investimento, independentemente da estratégia.

A Consistência do Investimento Passivo

O investimento passivo foca no crescimento de longo prazo e na exposição ao mercado sem a necessidade de negociações frequentes. Essa abordagem minimiza os custos e reduz os riscos associados à gestão ativa. O desempenho dos investimentos passivos, como o índice S&P 500, demonstra sua capacidade de gerar retornos estáveis ao longo do tempo. Apesar das flutuações do mercado, a tendência geral tem sido ascendente, tornando o investimento passivo uma estratégia viável para muitos investidores.

Insights Econômicos

Conceitos econômicos complexos explicam por que esses equívocos são enganosos. O investimento passivo oferece ampla exposição ao mercado, custos baixos e risco reduzido, que são atributos atraentes para muitos investidores. Os benefícios de longo prazo das estratégias passivas superam o fascínio de curto prazo da negociação ativa, especialmente ao considerar dados históricos de desempenho.

Para concluir

Lidar com esses equívocos comuns é crucial para entender o verdadeiro valor do investimento passivo. Embora as estratégias ativas possam parecer atraentes, o desempenho consistente, os baixos custos e o risco reduzido associados aos investimentos passivos os tornam um forte concorrente para o crescimento financeiro de longo prazo. Ao reconhecer as realidades do desempenho do mercado e os benefícios das estratégias passivas, os investidores podem tomar decisões mais informadas sobre seu futuro financeiro.

4

Fatores de risco em investimentos passivos

Devido ao vasto número de potenciais investimentos passivos, os índices que eles rastreiam estão constantemente mudando, contribuindo para a volatilidade do mercado. À medida que a economia evolui, os fundos devem comprar novos ativos e vender outros para permanecerem alinhados com o índice atualizado. Por exemplo, em 2021, a Tesla rapidamente se tornou uma das empresas mais valiosas do S&P 500. Essa rápida ascensão levou muitos investidores a entrarem, fazendo com que as ações se tornassem supervalorizadas. Consequentemente, as ações da Tesla começaram a ser negociadas lateralmente até que ela foi finalmente removida do índice. Esse cenário ressalta como as mudanças na composição do índice podem levar à supervalorização e subsequentes correções de preços.

Estratégias de Investimento Técnico

Estratégias técnicas de investimento geralmente dependem de dados históricos de preços para identificar potenciais pontos de compra e venda. Investimentos passivos normalmente compram ações quando elas são adicionadas a um índice e as vendem quando são removidas. Essa abordagem pode resultar em menor demanda de investidores de varejo e liquidez reduzida entre esses eventos, potencialmente acentuando quaisquer tendências de baixa.

Falta de Gestão Ativa

Os fundos passivos não têm um gestor ativo que possa responder a quedas significativas nos preços dos títulos investindo ativamente em ativos que devem superar o mercado. Em vez disso, eles são programados para comprar e manter os títulos em seu índice. Um exemplo notável disso foi durante a liquidação do mercado em março de 2020. A magnitude e a velocidade da liquidação fizeram com que alguns fundos passivos congelassem os resgates, impedindo os investidores de venderem em pânico. Outros fundos enfrentaram erros de rastreamento significativos, pois a queda no valor de alguns títulos levou a restrições em novos empréstimos. Isso os forçou a vender outras participações para atender aos resgates, impactando ainda mais o valor das ações ainda negociadas no fundo.

Volatilidade do Mercado

Um dos principais riscos associados a investimentos passivos é a volatilidade do mercado. Veículos de investimento passivo imitam de perto o índice de mercado que eles rastreiam. Se esse índice subjacente flutuar amplamente, o valor do investimento segue o exemplo. Dados históricos mostram que a volatilidade do mercado é a regra e não a exceção. Por exemplo, de meados de 2007 a 2009, o S&P 500 sofreu uma perda dramática de quase 50%. Essa volatilidade não só levou a perdas substanciais em dólares em valores de investimento, mas também a um declínio significativo na renda potencial de dividendos. Muitos investidores venderam ações para interromper suas perdas, sem perceber que aqueles que venderam quando os preços das ações estavam no seu nível mais baixo perderam mais. Esse comportamento reacionário é conhecido como "compre alto e venda baixo", um caminho certo para perdas de investimento.

Na verdade, o investidor passivo optou por um fundo de "alocação de ativos" com uma estratégia cega de "comprar e manter". Quando uma queda no valor do portfólio e na renda de dividendos é combinada com uma estrutura de investimento mal diversificada (o que significa que uma parte substancial da poupança está concentrada em uma classe de ativos), a capacidade de se aposentar aos 60 anos pode ser comprometida. A concentração hiperativa e a falta de diversificação convidam ao desastre de eventos futuros imprevisíveis e fazem com que a maioria dos investidores venda devido à falta de tolerância às flutuações do mercado. Prevenir tal reação requer um portfólio bem diversificado, algo contrário à doutrina do investidor passivo.

Falta de Gestão Ativa

Uma característica importante do investimento passivo é a ausência de gestão ativa, o que leva a despesas de gestão significativamente menores. No entanto, isso vem com certas desvantagens. Em vez de focar na alocação e gestão ativa, um gestor de fundo passivo se concentra apenas na quantidade e nas características dos ativos no índice escolhido. Não há necessidade de negociação ativa para mudar a estrutura do fundo, o que pode resultar em potenciais implicações negativas associadas à gestão passiva. O portfólio do fundo é criado uma vez no início e permanece inalterado até o fim de sua existência. No entanto, um investidor passivo observando um valor de mercado decrescente pode sentir uma forte necessidade de reconsiderar a composição do fundo.

Existem limitações definidas para tais operações. Um fundo passivo ou uma empresa de ações unitárias é reconhecido pelos investidores como um mecanismo para replicar o retorno em um benchmark escolhido. O retorno do fundo é gerenciado para se alinhar ao benchmark, minimizando erros de rastreamento. Os investidores em tais fundos geralmente saem após um período de desempenho baixo ou negativo. Assim, embora o investimento passivo envolva negociação ativa mínima por gestores de fundos, ele pode levar à negociação ativa pelos próprios investidores. Se um investidor passivo não estiver preparado para quedas rápidas de preço e começar a vender ativos de portfólio às pressas, isso pode coincidir com uma baixa de mercado, exacerbando as perdas.

Para concluir

Entender os fatores de risco associados a investimentos passivos é crucial para tomar decisões financeiras informadas. A volatilidade do mercado, a ausência de gestão ativa e os desafios inerentes ao rastreamento de índices podem impactar o desempenho de fundos passivos. Ao reconhecer esses riscos, os investidores podem navegar melhor pelas complexidades do investimento passivo e desenvolver estratégias para mitigar potenciais desvantagens.

5

Estudos de caso de falhas de investimento passivo

Estudo de caso: Segunda-feira negra

A quebra do mercado de ações de outubro de 1987, conhecida como Segunda-feira Negra, serve como um exemplo claro dos riscos associados a investimentos passivos. Antes da quebra, o rendimento do título do Tesouro dos EUA de 10 anos aumentou de forma constante, à medida que os investidores reagiam às perspectivas de inflação disparada e erosão do poder de compra devido a um dólar americano mais fraco. Esta foi uma reação à votação do Congresso dos EUA para aumentar o teto da dívida. O frenesi de vendas resultante levou os rendimentos dos títulos a 120 pontos-base mais baixos em 20 de outubro de 1987. Apesar dos movimentos em vários componentes do mercado, o Dow Jones Industrial Average (DJIA) continuou sua trajetória descendente ao longo da semana, culminando na quebra da Segunda-feira Negra.

O acidente

Em 19 de outubro de 1987, o DJIA despencou 22,61% em um único dia — uma queda catastrófica que pegou muitos investidores de surpresa. Aqueles que investiram passivamente em títulos do Tesouro dos EUA podem ter acreditado que diversificaram suficientemente seus portfólios para se protegerem contra a volatilidade do mercado de ações. No entanto, o chamado "porto seguro" dos títulos do Tesouro dos EUA caiu 4,66% no mesmo dia. Essa queda inesperada nos valores do Tesouro destacou as limitações de confiar apenas em estratégias passivas para diversificação.

Impacto nos Futuros de Títulos

Para ressaltar a extensão da turbulência financeira, os futuros de títulos longos caíram 9,7% na Segunda-feira Negra. Mesmo com as bolsas de futuros inicialmente limitando o movimento nos futuros de títulos do Tesouro dos EUA de 30 anos a 2 pontos por dia, a restrição foi suspensa em 20 de outubro, fazendo com que os futuros de títulos longos caíssem 17,7% em apenas dois dias. A mera antecipação de um aumento no spread da taxa de juros entre os títulos do Tesouro de longo prazo e os constituintes do Dow reduziu significativamente os preços do Tesouro, demonstrando a interconexão dos componentes do mercado e os desafios de se proteger contra essas falhas generalizadas do mercado.

Lições Aprendidas

A queda da Segunda-feira Negra revela diversas lições críticas para investidores que dependem de estratégias passivas:

- **Limites de Diversificação** : Simplesmente manter um portfólio diversificado de investimentos passivos não garante segurança contra a volatilidade do mercado. A correlação entre diferentes classes de ativos pode levar a declínios simultâneos, minando a segurança percebida.
- **Interdependência de Mercado** : Os mercados financeiros são altamente interconectados, e eventos que afetam um setor podem ter efeitos em cascata sobre outros. Investidores passivos devem entender que fatores econômicos externos podem impactar significativamente seus portfólios.

- **Falta de Gestão Ativa** : Investimentos passivos não têm os ajustes proativos que a gestão ativa pode fornecer. Em tempos de dificuldades de mercado, a ausência de um gestor ativo para navegar pela volatilidade pode resultar em perdas substanciais.

Para concluir

A quebra da Black Monday é um poderoso lembrete dos riscos inerentes ao investimento passivo. Embora as estratégias passivas ofereçam benefícios como custos mais baixos e ampla exposição ao mercado, elas não são imunes a eventos extremos de mercado. Ao reconhecer esses riscos e entender as limitações das estratégias passivas, os investidores podem tomar decisões mais informadas e considerar incorporar uma mistura de gestão passiva e ativa para mitigar potenciais desvantagens.

6

Estratégias para mitigar riscos em investimentos p

As descobertas de Dylan e Kimberly sugerem que os investidores podem se proteger contra alguns riscos associados a investimentos passivos diversificando seus portfólios em uma ampla gama de regiões geográficas e indústrias. "Afinal", eles escrevem, "a principal vantagem da estratégia de indexação de baixo custo é, sem dúvida, a diversificação em nível de portfólio que ela oferece". A diversificação pode ajudar a reduzir perdas quando mercados ou indústrias específicas passam por crises, embora possa vir com seu próprio conjunto de desafios.

Complementando estratégias passivas com vigilância

Para reduzir a exposição à perigosa dependência de movimentos de ações irracionais, gananciosos ou movidos pelo pânico, os investidores devem complementar suas estratégias passivas com uma postura de vigilância aguda. Essas estratégias incentivam pelo menos o monitoramento anual das condições de mercado que sustentam torneios de ações de baixo risco criados pela indexação. As instituições que anunciam produtos passivos têm a obrigação de garantir que os indivíduos estejam monitorando ativamente seus investimentos. Felizmente, muitos investidores de varejo já demonstram essa vigilância, gerenciando ativamente seus portfólios, apesar de manterem ações "seguras".

Os investidores também podem impor sua própria disciplina livrando-se de ações ou fundos inteiros quando as circunstâncias mudam e migrando para novos investimentos que terão melhor desempenho nas condições atuais. Essa abordagem ativa pode garantir que um portfólio seja "reiniciado" e opere com base nos fundamentos atuais.

Diversificação

A diversificação é uma ferramenta essencial de mitigação de risco em investimentos, e é particularmente importante para fundos passivos. Ao espalhar investimentos por diferentes fatores — como regiões geográficas, indústrias e classes de ativos — os investidores podem minimizar a exposição ao risco. Essa abordagem reduz a probabilidade de que todas as opções de investimento ou ativos sejam impactados negativamente simultaneamente.

Os fundos passivos geralmente rastreiam os mercados, com índices definidos de várias maneiras (por exemplo, ponderados pela capitalização de mercado). Investidores individuais, empresas e instituições públicas podem proteger seu valor de investimento incorporando a diversificação em sua estratégia mais ampla. Deve-se notar que a diversificação não necessariamente aumenta o valor ou previne perdas, mas aumenta a probabilidade de resultados futuros favoráveis, dadas as várias condições de mercado. De uma perspectiva de risco, a diversificação afeta a estrutura de covariância do portfólio, a divisão de retornos e a variância.

Por exemplo, com 12 setores industriais definidos pelo sistema Global Industry Classification Standard (GICS) dentro do Russell 1000, um investidor aplicando uma estratégia de diversificação de peso igual teria cerca de 8,33% de seu portfólio exposto ao risco em cada setor. Alternativamente, eles poderiam investir mais pesadamente em certos setores como tecnologia da informação e saúde, e menos em outros como imóveis e bens de consumo básicos.

Monitoramento e reequilíbrio regulares

Mesmo sem gestão ativa, o monitoramento e o rebalanceamento regulares são cruciais para manter o mix de ativos desejado. Gestores de fundos passivos devem monitorar cada ativo pelo menos uma vez por ano para garantir que o portfólio permaneça alinhado com seus objetivos. Com o tempo, mudanças nas condições de mercado podem fazer com que o portfólio se desvie de sua alocação original.

Ter um objetivo claro em mente pode sinalizar quando reequilibrar o portfólio. Embora os desenvolvimentos do mercado possam alterar as ponderações desejadas, um investidor pode desejar aumentar a exposição a ativos em valorização (por exemplo, ativos reais) enquanto gerencia restrições regulatórias e potenciais implicações fiscais.

O rebalanceamento ajuda a manter o perfil de risco do portfólio e garante que ele permaneça alinhado com os objetivos financeiros do investidor. Ao ajustar regularmente a alocação de ativos, os investidores podem mitigar o impacto da volatilidade do mercado e outros fatores externos.

Para concluir

Mitigar riscos em investimentos passivos requer uma combinação de diversificação, monitoramento regular e rebalanceamento. Ao espalhar investimentos por diferentes regiões, indústrias e classes de ativos, os investidores podem reduzir sua exposição a riscos específicos. Complementar estratégias passivas com vigilância e ajustes periódicos ajuda a manter o alinhamento do portfólio com objetivos financeiros e condições de mercado. Entender essas estratégias permite que os investidores naveguem pelas complexidades do investimento passivo e alcancem sucesso financeiro de longo prazo.

Conclusão

Neste ensaio sobre a falsa sensação de segurança em investimentos passivos, argumentei que, embora os investimentos passivos sejam frequentemente elogiados por sua capacidade de fornecer aos indivíduos retornos médios ou acima da média a baixo custo e alta eficiência, eles também abrigam várias desvantagens significativas que são frequentemente negligenciadas. Dois pontos negativos primários são a crença falha na eficiência do mercado e o equívoco de que as recompensas dos investimentos ativos não justificam seus custos.

Eficiência de Mercado e Risco Latente

A suposição de que os mercados são perfeitamente eficientes e que os investimentos passivos sempre terão desempenho superior é fundamentalmente falha. Os investidores comuns muitas vezes não conseguem negociar com a frequência ou a eficácia que a dinâmica do mercado pode sugerir. Isso resulta em risco latente e, sem dúvida, fragilidade em seus portfólios. Além disso, isso pode levar a uma incompatibilidade entre o portfólio de um investidor e sua preferência temporal por risco, potencialmente colocando em risco seus objetivos financeiros.

Risco moral coletivo

Além disso, investimentos passivos incorporam uma forma de risco moral coletivo. Embora investidores individuais possam evitar especulações, o grande grupo de investidores dentro de um fundo de investimento passivo não pode escapar das consequências negativas. Esse comportamento coletivo pode convidar resultados adversos, como diminuição da confiança social e um senso enfraquecido de comunidade e continuidade. As amplas implicações de depender apenas de investimentos passivos podem minar a preservação e a continuação do que os investidores prezam.

Equilibrando estratégias ativas e passivas

Concluindo, embora os investimentos passivos sejam amplamente utilizados globalmente por diversos investidores individuais e organizações, é crucial reconhecer os riscos potenciais e os equívocos que eles carregam. Alcançar uma abordagem equilibrada que incorpore estratégias ativas e passivas pode ajudar a mitigar esses riscos. A gestão ativa pode fornecer os ajustes necessários durante as flutuações do mercado, enquanto as estratégias passivas oferecem eficiência de custos e ampla exposição ao mercado. Ao estarem atentos à falsa sensação de segurança que os investimentos passivos podem criar, os investidores podem tomar decisões mais informadas e proteger seus futuros financeiros de forma mais eficaz.

Referências

1. "Propriedade física: você pode levar com você." Discute três métodos principais de investimento em ouro: comprar ouro físico, comprar ações de empresas de mineração de ouro e comprar ações em um fundo que detém barras de ouro físico. Cada método tem suas próprias vantagens e desvantagens.
2. "Pesquisa: MFs que rastreiam índices devem ver maiores entradas." Relatórios sobre três casas de fundos na Índia — Kotak, IDBI e Gold — que oferecem ETFs replicando índices de base ampla, com taxas de despesas notavelmente baixas de 0,80%.
3. Plano de pensão obrigatório de Ontário: Analisa como as declarações de benefícios, projeções de aposentadoria e relatórios de valor comutado são baseados em taxas de títulos governamentais de baixo risco. Destaca potenciais insuficiências na geração de retornos reais para proteger contra inflação e longevidade para anuidades e Life Income Funds (LIFs).
4. "Robo-Advisors - Não são tão simples e fáceis quanto parecem." Explora como os Robo-Advisors usam combinações ponderadas por capital de Exchange Traded Funds (ETFs) para manter baixos custos de negociação e Management Expense Ratios (MERs). Observa a alta correlação em mixes de investimento entre diferentes Robo-Advisors e o uso comum de 3-5% de dinheiro para manter a Strategic Asset Allocation estável durante mercados voláteis.

www.ingramcontent.com/pod-product-compliance
Lightning Source LLC
LaVergne TN
LVHW092054051026
849517LV00013B/2664

* 9 7 9 8 3 4 9 2 2 5 4 4 4 *